Impressum
Verlag: BABADADA GmbH, Nedderfeld 112 , 22529 Hamburg
Geschäftsführer / Verlagsleitung: Harald Hof
Druck: Books on Demand GmbH, In de Tarpen 42, 22848 Norderstedt

Imprint
Publisher: BABADADA GmbH, Nedderfeld 112 , 22529 Hamburg, Germany
Managing Director / Publishing direction: Harald Hof
Print: Books on Demand GmbH, In de Tarpen 42, 22848 Norderstedt, Germany

de School
škola

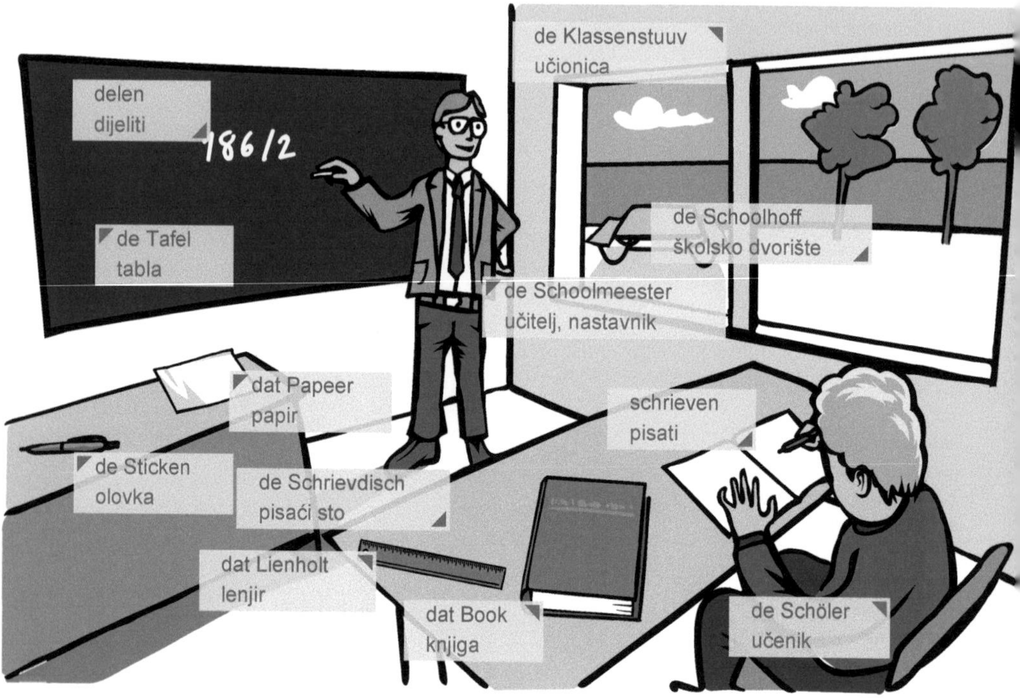
de Klassenstuuv
učionica
delen
dijeliti
186/2
de Tafel
tabla
de Schoolhoff
školsko dvorište
de Schoolmeester
učitelj, nastavnik
dat Papeer
papir
schrieven
pisati
de Sticken
olovka
de Schrievdisch
pisaći sto
dat Lienholt
lenjir
dat Book
knjiga
de Schöler
učenik

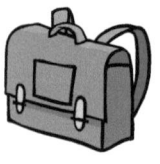

de Ranzel

torba

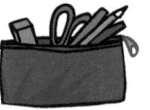

de Feddermapp

pernica

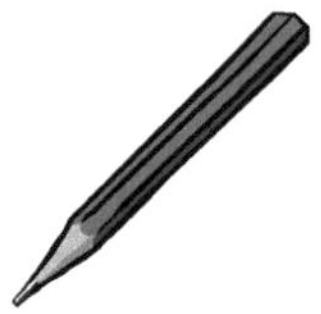

de Bleesticken

drvena olovka

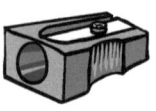

de Scharpmaker

šiljalo za olovke

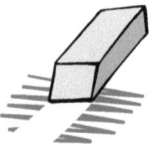

dat Radeergummi

gumica

de Tekenblock

blok za crtanje

de Teken

crtež

de Pinsel

kist

de Malkassen

kutija s bojama

de Scheer

makaze

de Klever

ljepilo

dat Heft to'n Öven

vježbanka

de Huusopgaav

domaća zadaća

de Tall

broj

tohooptellen

sabirati

aftrecken

oduzimati

malnehmen

množiti

reken

računati

de Bookstaav

slovo

dat ABC

abeceda

dat Woort

riječ

de Text

tekst

lesen

čitati

de Kried

kreda

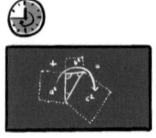

de Stunn

sat

dat Klassenbook

školski dnevnik

de Pröven

ispit

dat Tüügnis

svjedočanstvo

de Schooluniform

školska uniforma

de Utbillen

izobrazba

dat Nakieksel

leksikon

de Universität

univerzitet

dat Mikroskop

mikroskop

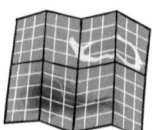

de Koort

karta

de Papeerkorf

korpa za papir

de Törn
putovanje

dat Hotel
hotel
Grand
de Harbarg
hostel
ROOMS
de Wesselstuuv
mjenjačnica
CHANGE
de Kuffer
kofer
dat Auto
auto

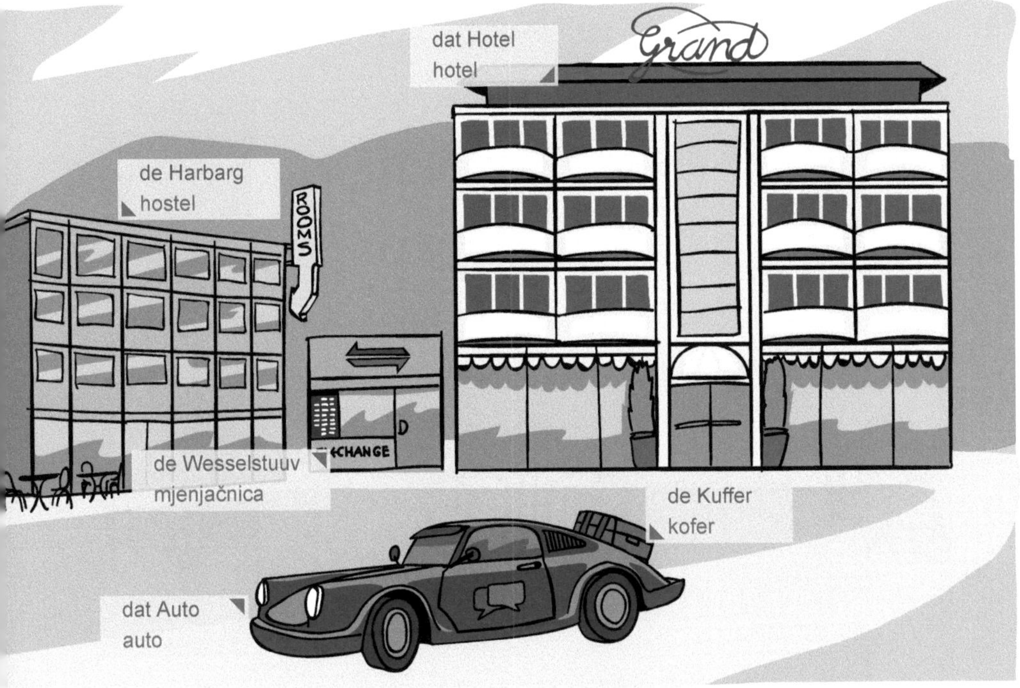

de Spraak

jezik

jo / ne

da / ne

Jo

okej

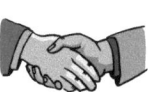

Moin

zdravo

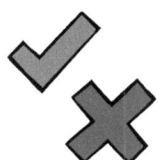

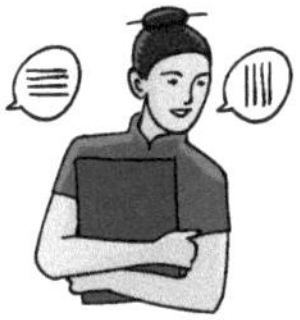

de Översetter

tumač

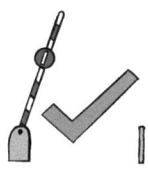

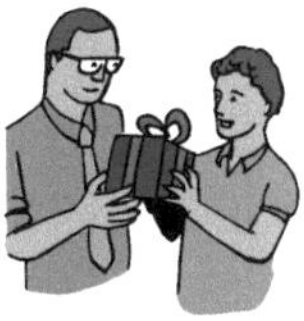

Dank ok

hvala

Wat kost...?

Koliko košta...?

Ik verstah nich

Ne razumijem

dat Problem

problem

Goden Avend

dobro veče!

Moin!

Dobro jutro!

Gode Nacht!

Laku noć!

Tschüüs

doviđenja

de Richt

smjer

de Bagaasch

prtljag

de Tasch

torba

de Rüchsack

ruksak

de Gast

gost

de Stuuv

soba

de Slaapsack

vreća za spavanje

dat Telt

šator

Touristeninformatschoon

turističke informacije

de Strand

plaža

de Kreditkoort

kreditna kartica

dat Fröhstück

doručak

dat Meddageten

ručak

dat Avendeten

večera

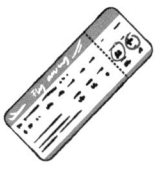

de Fohrkort

putna karta

de Fohrstohl

lift

de Breefmark

poštanska markica

de Grenz

granica

de Toll

carina

de Bottschop

ambasada

dat Visum

viza

de Pass

pasoš

de Transport
transport

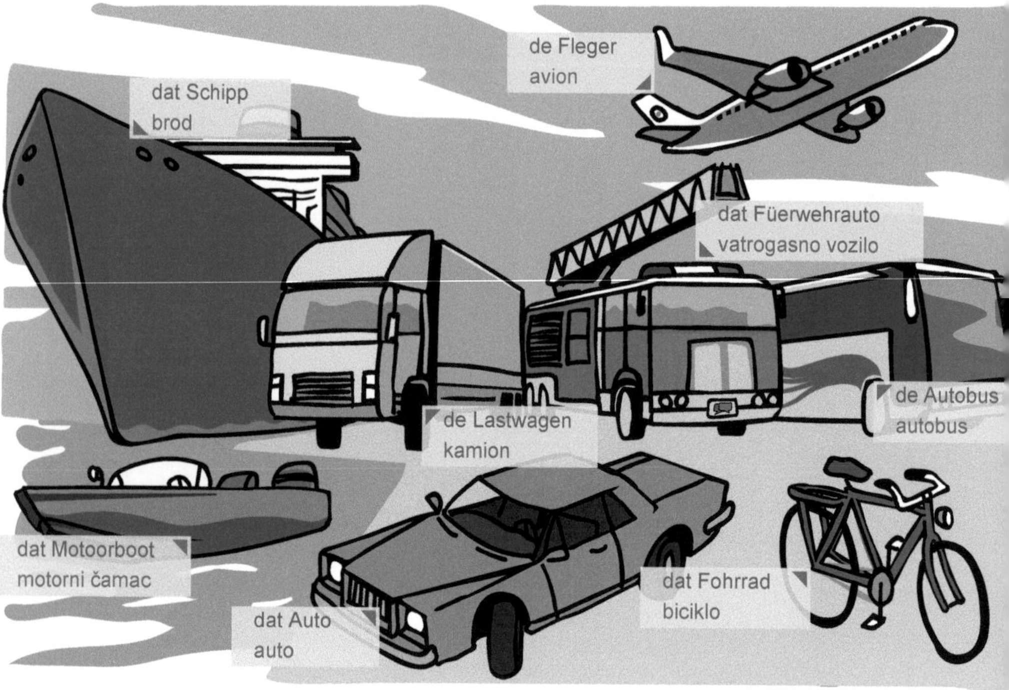

dat Schipp
brod
de Fleger
avion
dat Füerwehrauto
vatrogasno vozilo
de Autobus
autobus
de Lastwagen
kamion
dat Motoorboot
motorni čamac
dat Auto
auto
dat Fohrrad
biciklo

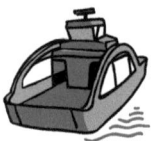

de Fähr
trajekt

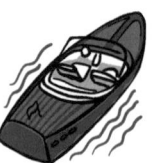

dat Boot
brod

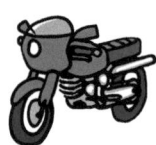

dat Motoorrad
motocikl

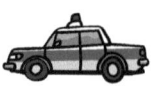

dat Polizeiauto
policijski automobil

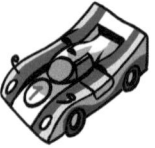

dat Rönnauto
trkaći automobil

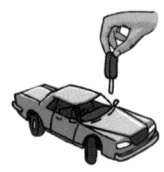

de Lehnwagen
unajmljeni automobil

dat Carsharing

kar-šering

de Afsleepwagen

pauk

dat Müllauto

smećarsko vozilo

de Motoor

motor

de Kraftstoff

gorivo

de Tanksteed

benzinska pumpa

dat Verkehrsschild

saobraćajni znak

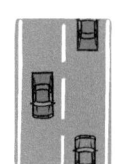

de Verkehr

saobraćaj

de Stau

zastoj

de Afstellplatz

parking

de Bahnhoff

željeznička stanica

de Sporen

šine

de Tog

voz

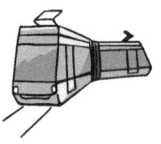

de Stratenbahn

tramvaj

de Wagon

vagon

de Dwarsmöhl

helikopter

de Flooghaven

aerodrom

de Tower

toranj

de Fohrgast

putnik

de Grootkist

kontejner

de Karton

karton

de Koor

tačke

de Korf

korpa

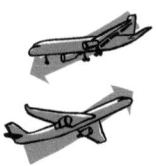

starten / lannen

poletjeti / sletjeti

de Stadt
grad

dat Dörp

selo

de Binnenstadt

centar grada

dat Huus

kuća

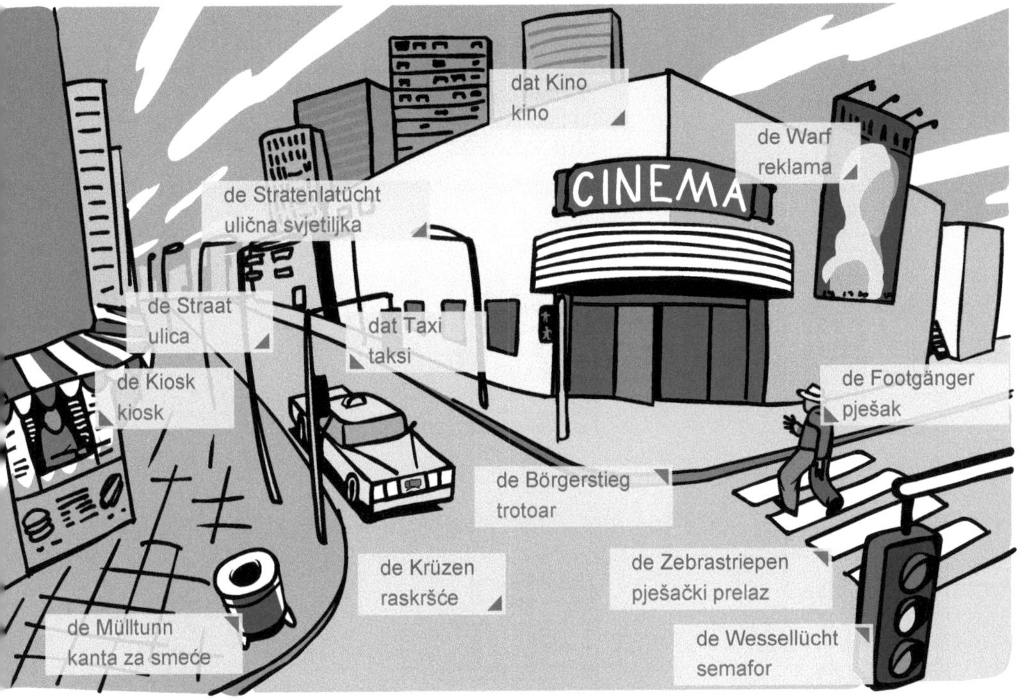

de Kino
kino

de Warf
reklama

de Stratenlatücht
ulična svjetiljka

de Straat
ulica

dat Taxi
taksi

de Kiosk
kiosk

de Footgänger
pješak

de Börgerstieg
trotoar

de Krüzen
raskršće

de Zebrastriepen
pješački prelaz

de Wessellücht
semafor

de Mülltunn
kanta za smeće

de Hütt
koliba

de Wahnung
stan

de Bahnhoff
željeznička stanica

dat Raathuus
vjećnica

dat Museum
muzej

de School
škola

de Stadt - grad

11

de Universität

univerzitet

de Bank

banka

dat Krankenhuus

bolnica

dat Hotel

hotel

de Afteek

apoteka

dat Büro

ured

de Bookhökerie

knjižara

de Hökerie

radnja

de Blomenhökerie

cvjećara

de Supermarkt

supermarket

de Markt

pijaca

dat Koophuus

robna kuća

de Fischhökerie

prodavač ribe

dat Inkoopszentrum

trgovački centar

de Haven

luka

de Parkanlaag

park

de Bank

klupa

de Brüch

most

de Trepp

stepenice

de Ünnergrundbahn

podzemna željeznica

de Tunnel

tunel

de Busstoppsteed

autobuska stanica

de Bar

bar

dat Spieslokal

restoran

de Breefkassen

poštanski sandučić

dat Stratenschild

saobraćajni znak

de Parkklock

sat za naplatu parkinga

de Deertenpark

zoološki vrt

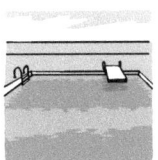

de Baadanstalt

bazen

de Moschee

džamija

de Buernhoff

seosko imanje

de Ümweltversmudden

zagađenje okoline

de Karkhoff

groblje

de Kark

crkva

de Speelplatz

igralište

de Tempel

hram

de Landschop
krajolik

dat Blatt
list

de Wiespahl
putokaz

de Weg
putokaz

de Wisch
livada

de Steen
kamen

de Boom
drvo

de Wannerer
putnik

de Fluss
rijeka

dat Gras
trava

de Bloom
cvijet

dat Daal

dolina

de Barg

brdo

de See

jezero

dat Holt

šuma

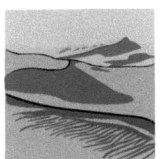

de Wööst

pustinja

de Füerspien Barg

vulkan

dat Slott

dvorac

de Regenbagen

duga

de Poggenstohl

gljiva

de Palm

palma

de Steekmück

komarac

de Fleeg

muha

de Miegeemk

mrav

de Imm

pčela

de Spinn

pauk

de Sebber

buba

de Pogg

žaba

de Katteker

vjeverica

de Swienegel

jež

de Haas

zec

de Uul

sova

de Vagel

ptica

de Swaan

labud

dat Wildswien

divlja svinja

de Hirsch

jelen

de Elk

los

de Staudamm

brana

dat Windrad

vjetrenjača

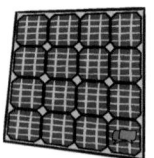

dat Solarmodul

solarni modul

dat Klima

klima

dat Spieslokal

restoran

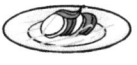

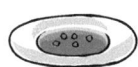

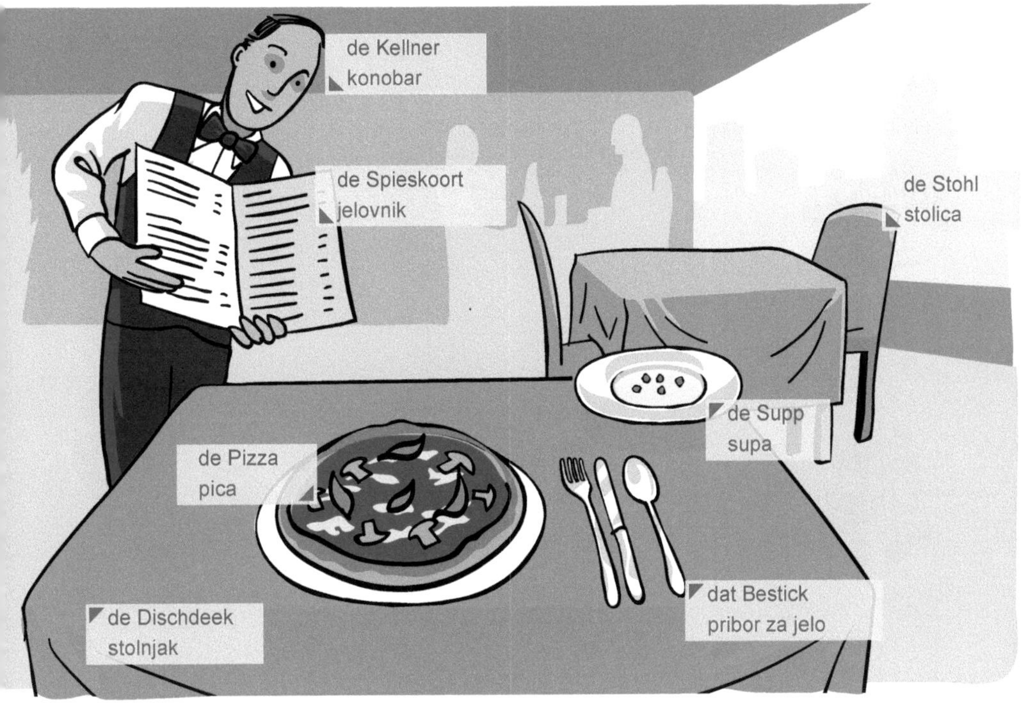
de Kellner
konobar
de Spieskoort
jelovnik
de Stohl
stolica
de Supp
supa
de Pizza
pica
dat Bestick
pribor za jelo
de Dischdeek
stolnjak

de Vörspies

predjelo

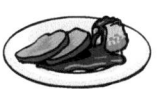

dat Haupteten

glavno jelo

de Nadisch

desert

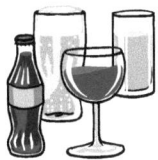

de Drünk

piće

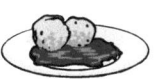

dat Eten

jelo

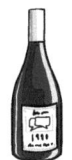

de Buddel

flaša

dat Fastfood

brza hrana

dat Strateneten

jelo sa ulice

de Teekann

čajnik

de Zuckerdoos

šećernica

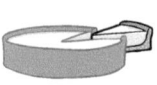

de Portschoon

porcija

de Espressomaschien

mašina za espreso

de Hoochstohl

barska stolica

de Reken

račun

dat Tablett

tacna

dat Mess

nož

de Gavel

viljuška

de Lepel

kašika

de Teelepel

kašičica

dat Munddook

salveta

dat Glas

čaša

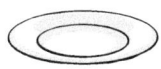

de Töller

tanjir

de Suppentöller

tanjir za supu

de Ünnertass

tanjurić

de Sooß

sos

de Soltstreuer

solanik

de Pepermöhl

mlin za biber

de Etig

sirće

dat Ööl

ulje

de Krüder

začini

de Ketchup

kečap

de Mostrich

senf

de Mayonnaise

majoneza

de Supermarkt
supermarket

dat Anbott
ponuda
FOR
de Kunn
klijent
de Melkprodukten
mliječni proizvodi
dat Aaft
voće
de Inkoopswagen
kolica za kupovinu

BUTCHERS

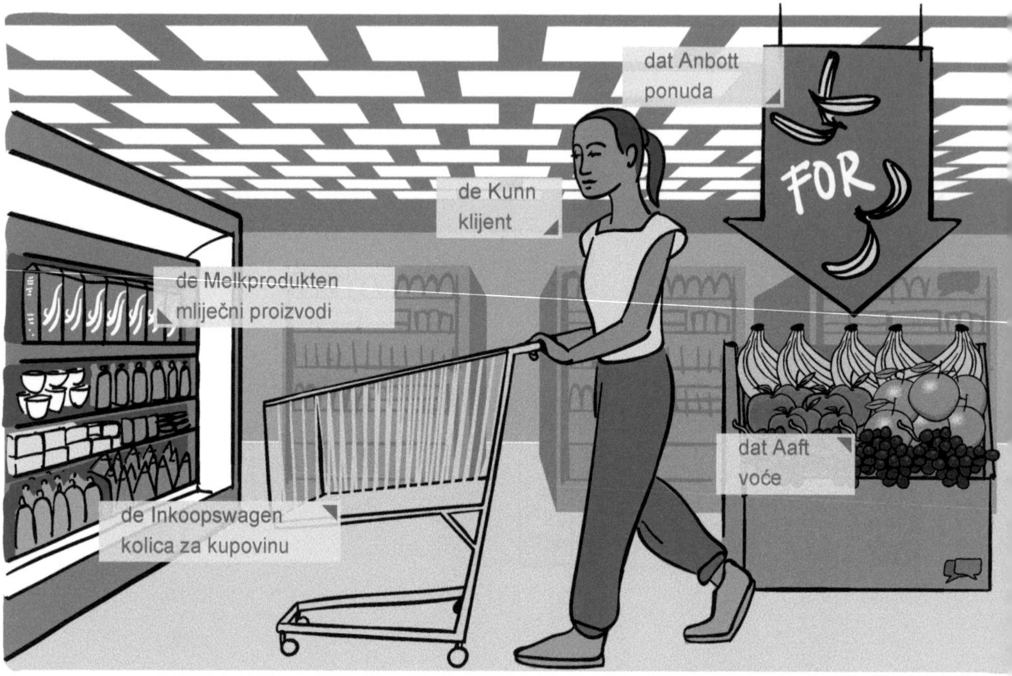

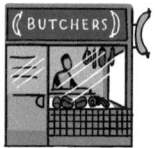

de Slachterie

mesnica- klaonica

BAKERY

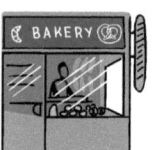

de Bäckerie

pekara

wegen

vagati

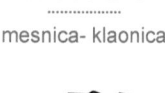

de Gröönsaken

povrće

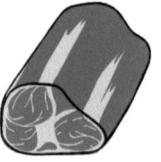

dat Fleesch

meso

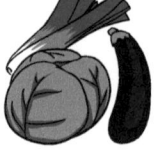

de Deepköhlkost

zaleđena hrana

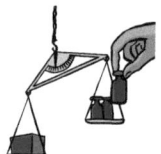

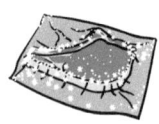

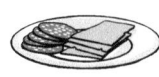

de Opsnitt

narezak

de Konserven

konzerve

de Waschmiddel

prašak za veš

de Snoopkraam

slatkiši

de Huushooltssaken

kućanski proizvodi

de Reinmaaktüüch

sredstvo za čišćenje

de Verköpersche

prodavačica

de Kass

kasa

de Kasserer

blagajnik

de Inkoopslist

lista za kupovinu

de Opsparrtieden

radno vrijeme

de Breeftasch

novčanik

de Kreditkoort

kreditna kartica

de Tasch

torba

de Plastiktüüt

najlonska vrećica

dat Water

voda

de Saft

sok

de Melk

mlijeko

de Cola

kola

de Wien

vino

dat Beer

pivo

de Spriet

alkohol

de Kakao

kakao

de Tee

čaj

de Koffie

kafa

de Espresso

espreso

de Cappucino

kapućino

de Banaan

banana

de Appel

jabuka

de Appelsien

narandža

de Meloon

lubenica

de Zitroon

limun

de Wöttel

mrkva

de Knuuvlook

bijeli luk

de Bambus

bambus

de Zibbel

crveni luk

de Poggenstohl

gljiva

de Nööt

orašasti plodovi

de Nudeln

pasta

de Spaghetti

špagete

de Ries

riža

de Salat

salata

de Pommes frites

pomfrit

de Braadkantüffeln

pečeni krompir

de Pizza

pica

de Hamborger

hamburger

dat Sandwich

sendvič

dat Snitzel

šnicla

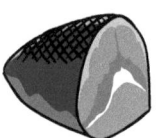

de Schinken

šunka

de Salami

kobasica

de Wust

kobasica

dat Hohn

kokoš

de Braden

pečenje

de Fisch

riba

dat Eten - jelo

de Haverflocken

zobene pahuljice

dat Müsli

muzli

de Cornflakes

kornfleks

dat Mehl

brašno

de Croissant

kroason

dat Rundstück

zemičke

dat Broot

kruh

dat Toast

tost

de Keksen

keksi

de Botter

maslac

de Quark

svježi sir

de Koken

kolač

dat Ei

jaje

dat Spegelei

jaje na oko

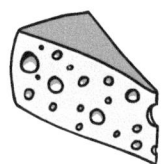

de Kees

sir

de Ies
....
sladoled

de Zucker
....
šećer

de Honnig
....
med

de Marmelaad
....
marmelada

de Nougat-Creme
....
nugat krema

dat Curry
....
kuri

de Buernhoff
seosko imanje

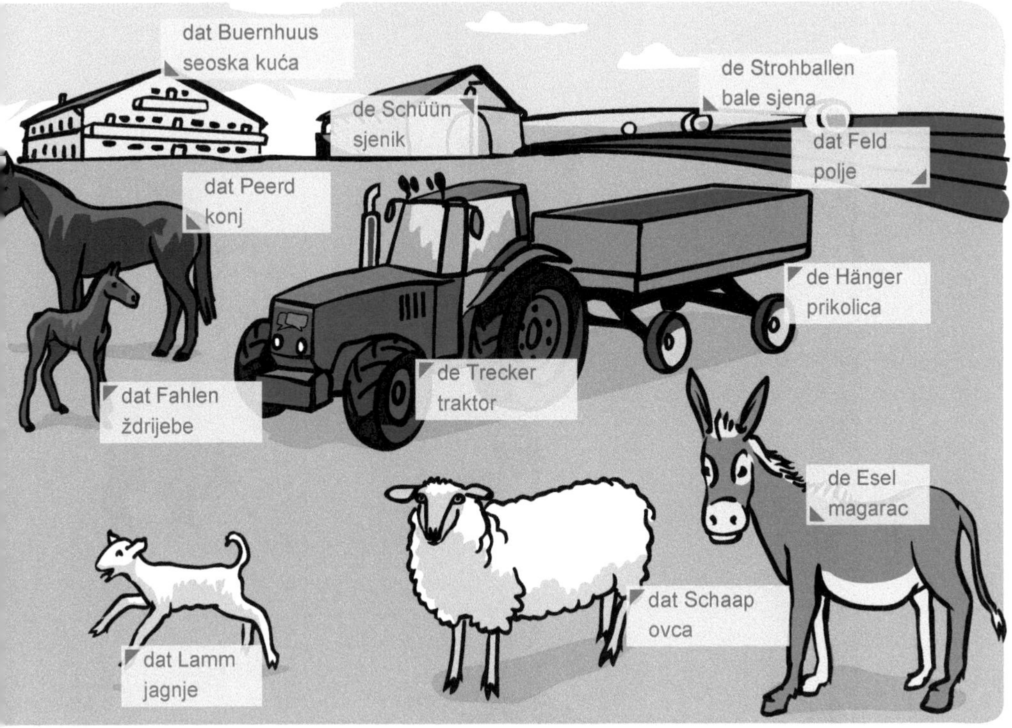
dat Buernhuus
seoska kuća
de Schüün
sjenik
de Strohballen
bale sjena
dat Feld
polje
dat Peerd
konj
de Hänger
prikolica
de Trecker
traktor
dat Fahlen
ždrijebe
de Esel
magarac
dat Schaap
ovca
dat Lamm
jagnje

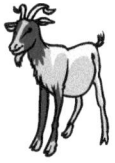

de Zeeg

koza

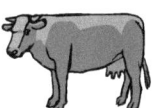

de Koh

krava

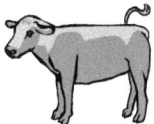

dat Kalf

tele

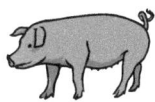

dat Swien

svinja

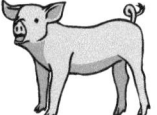

dat Farken

prase

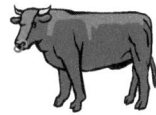

de Bull

bik

de Goos

guska

de Aant

patka

dat Küken

pile

dat Hohn

kokoška

de Hahn

pjetao

de Rott

pacov

de Katt

mačka

de Muus

miš

de Oss

vol

de Hund

pas

de Hunnenhütt

pseća kućica

de Goornslauch

crijevo za baštu

de Geetkann

kanta za zalijevanje

de Lee

kosa

de Ploog

plug

de Sich

srp

de Hack

motika

de Mestfork

vile

de Ext

sjekira

de Schuufkoor

tačke

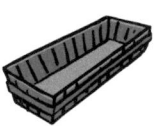

de Trog

korito

de Melkkann

bokal za mlijeko

de Sack

vreća

de Tuun

ograda

de Stall

štala

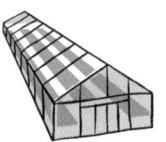

dat Drievhuus

staklenik

de Bodden

tlo

de Saat

sjeme

de Dünger

đubrivo

de Meihdöscher

kombajn

oornen
....
kositi

de Oorn
....
žetva

de Yamswöttel
....
jam korijen

de Weten
....
pšenica

dat Soja
....
soja

de Kantüffel
....
krompir

de Törksche Weten
....
kukuruz

de Rapp
....
uljana repica

de Aaftboom
....
drvo voća

de Troopsch Kantüffel
....
manioka

dat Koorn
....
žito

dat Huus
kuća

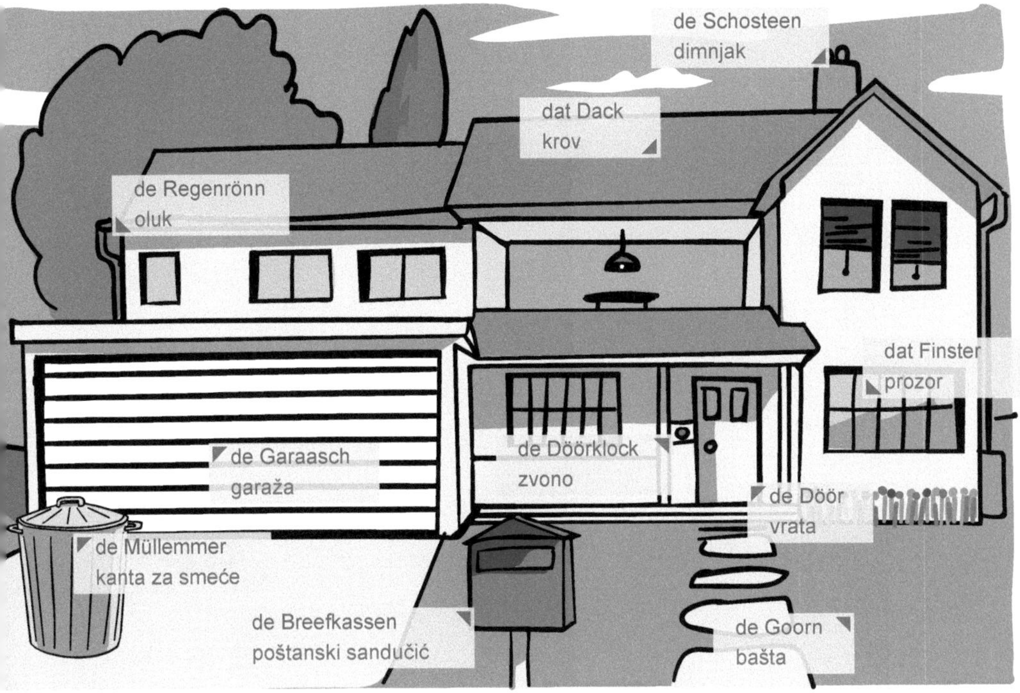

de Schosteen
dimnjak
dat Dack
krov
de Regenrönn
oluk
dat Finster
prozor
de Garaasch
garaža
de Döörklock
zvono
de Döör
vrata
de Müllemmer
kanta za smeće
de Breefkassen
poštanski sandučić
de Goorn
bašta

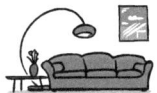

de Wahnstuuv
dnevni boravak

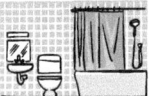

de Baadstuuv
kupatilo

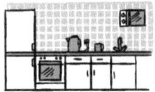

de Köök
kuhinja

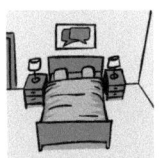

de Slaapstuuv
spavaća soba

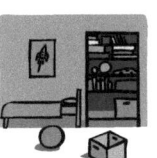

de Kinnerstuuv
dječija soba

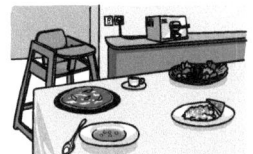

de Eetstuuv
trpezarija

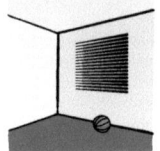

de Footbodden

pod, tlo

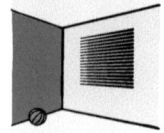

de Wand

zid

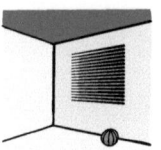

de Deek

plafon

de Keller

podrum

dat Hittluftbad

sauna

de Balkon

balkon

de Terrass

terasa

dat Swümmbad

bazen

de Rasenmeiher

kosilica

de Bettbetog

posteljina

de Bettdeek

pokrivač

de Puuch

krevet

de Bessen

metla

de Emmer

kanta

de Schalter

prekidač

de Wahnstuuv
dnevni boravak

de Tapeet
tapeta
dat Bild
fotografija
de Lamp
lampa
dat Regal
polica
dat Schapp
ormar
de Kiekkassen
televizija
de Kamin
dimnjak
de Bloom
cvijet
dat Küssen
jastuk
dat Sofa
kauč
de Vaas
vaza
de Feernbedenen
daljinski upravljač

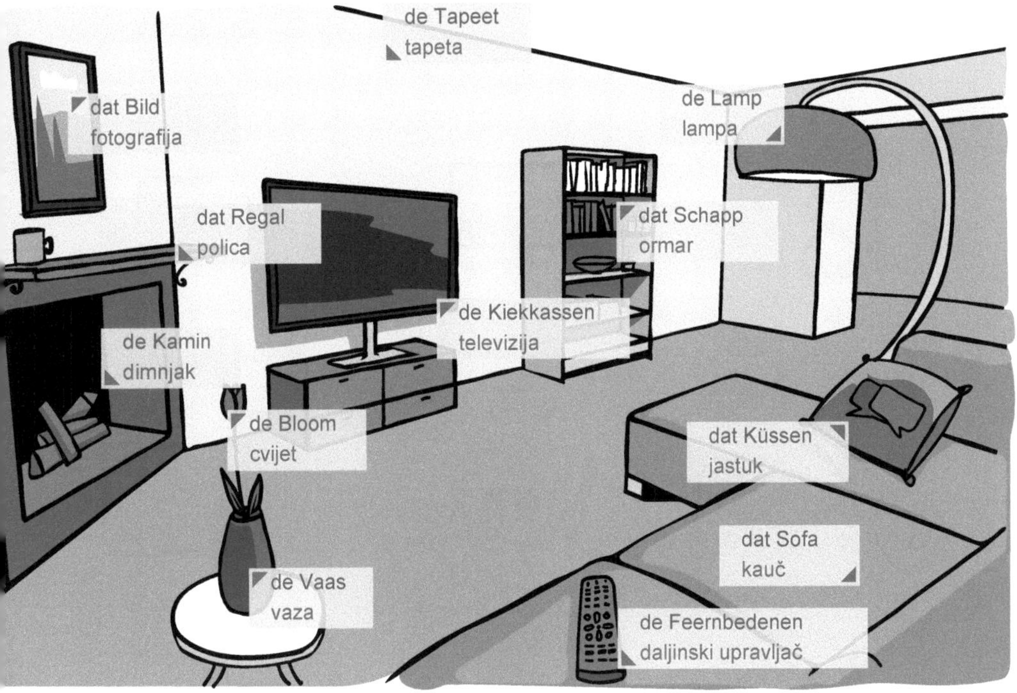

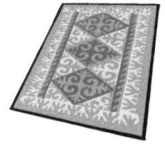

de Teppich

tepih

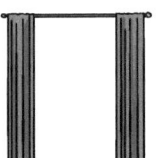

de Vörhang

zavjesa

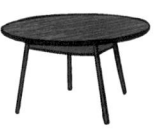

de Disch

stol

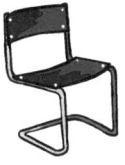

de Stohl

stolica

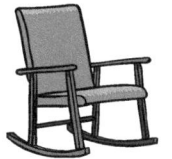

de Schuckelstohl

stolica za ljuljanje

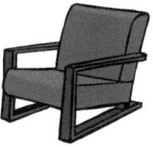

de Sessel

fotelja

dat Book

knjiga

de Deek

deka

de Dekoratschoon

dekoracija

dat Füerholt

ložno drvo

de Film

film

de Stereoanlaag

stereo uređaj

de Slötel

ključ

dat Narichtenblatt

novine

dat Gemälde

umjetnička slika

dat Poster

poster

dat Radio

radio

de Opschrievblock

blok za bilješke

de Huulbessen

usisavač

de Kaktus

kaktus

de Kars

svijeća

de Köök
kuhinja

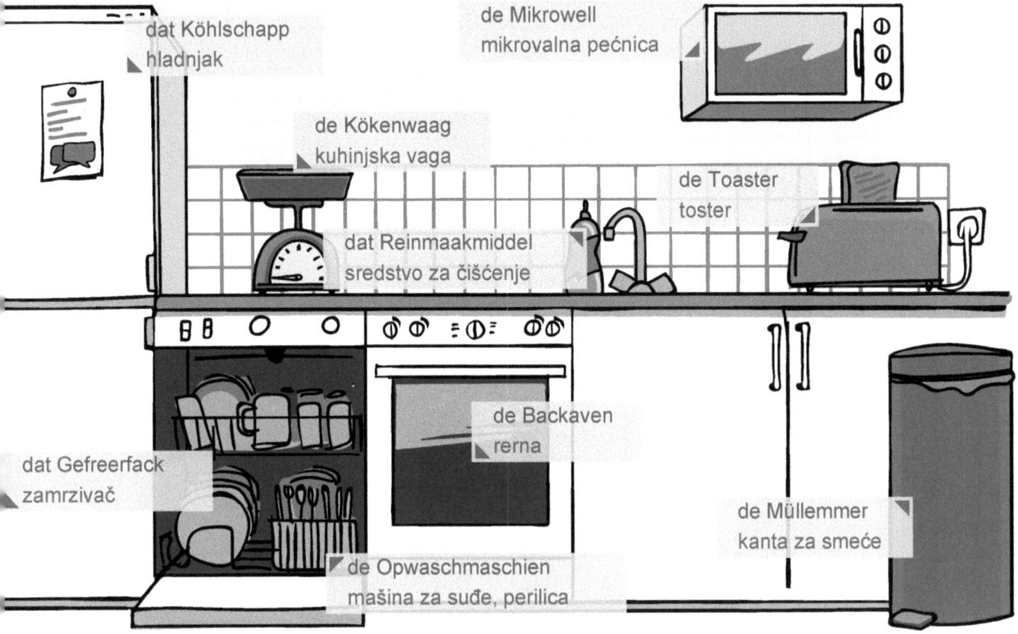
dat Köhlschapp
hladnjak
de Mikrowell
mikrovalna pećnica
de Kökenwaag
kuhinjska vaga
de Toaster
toster
dat Reinmaakmiddel
sredstvo za čišćenje
de Backaven
rerna
dat Gefreerfack
zamrzivač
de Müllemmer
kanta za smeće
de Opwaschmaschien
mašina za suđe, perilica

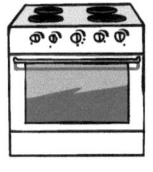

de Heerd

peć

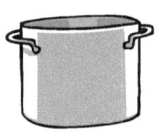

de Pott

lonac

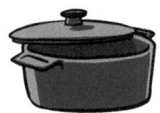

de Gussiesern Putt

metalni lonac

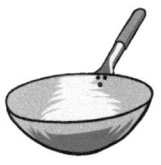

de Wok / Kadai

vok / kadai

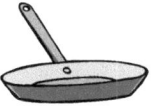

de Pann

tava, tiganj

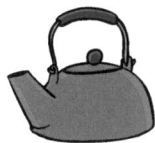

de Waterkaker

kuhalo

de Dampkaakputt

aparat za kuhanje na pari

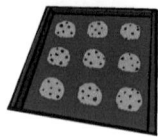

dat Backblick

lim za pečenje

dat Geschirr

posuđe

de Beker

šalica

de Schaal

činija

de Eetsticken

kineski štapići

de Suppenkell

kutlača

de Pannenwenner

lopatica

de Sneebessen

metlica za snijeg bjelanjca

dat Kaakseef

sito za kuhanje

dat Seef

sito

de Riev

ribež

de Mörser

avan s tučkom

de Grill

roštilj

de Füerstell

ložište

dat Sniedbrett

daska

dat Nudelholt

oklagija

de Proppentrecker

vadičep

de Doos

konzerva

de Dosenaapner

otvarač za konzerve

de Pottlappen

krpe za lonac

dat Waschbecken

sudoper

de Böst

četka

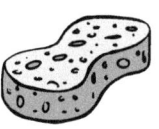

de Swamm

spužva

de Mixer

mikser

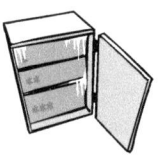

dat Iesschapp

zamrzivač

de Nuckelbuddel

flašica za bebu

de Waterhahn

slavina

de Baadstuuv
kupatilo

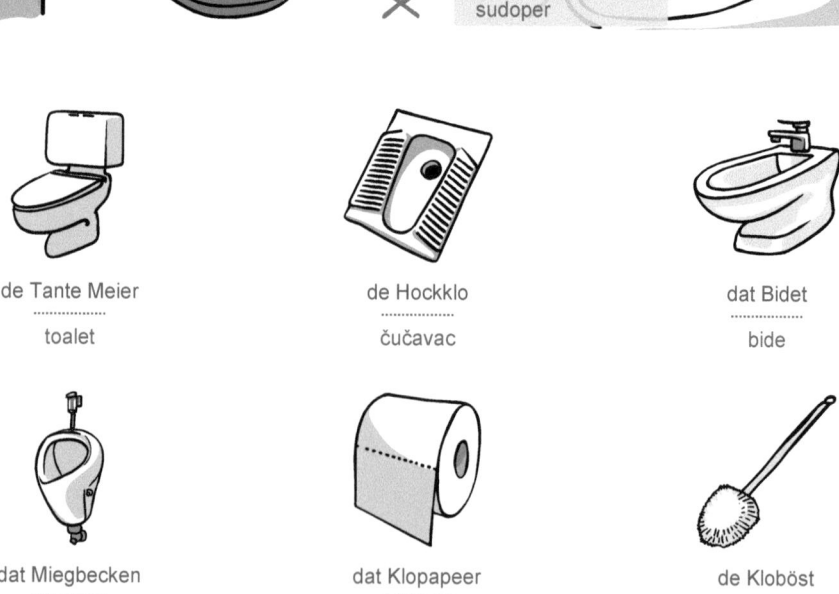

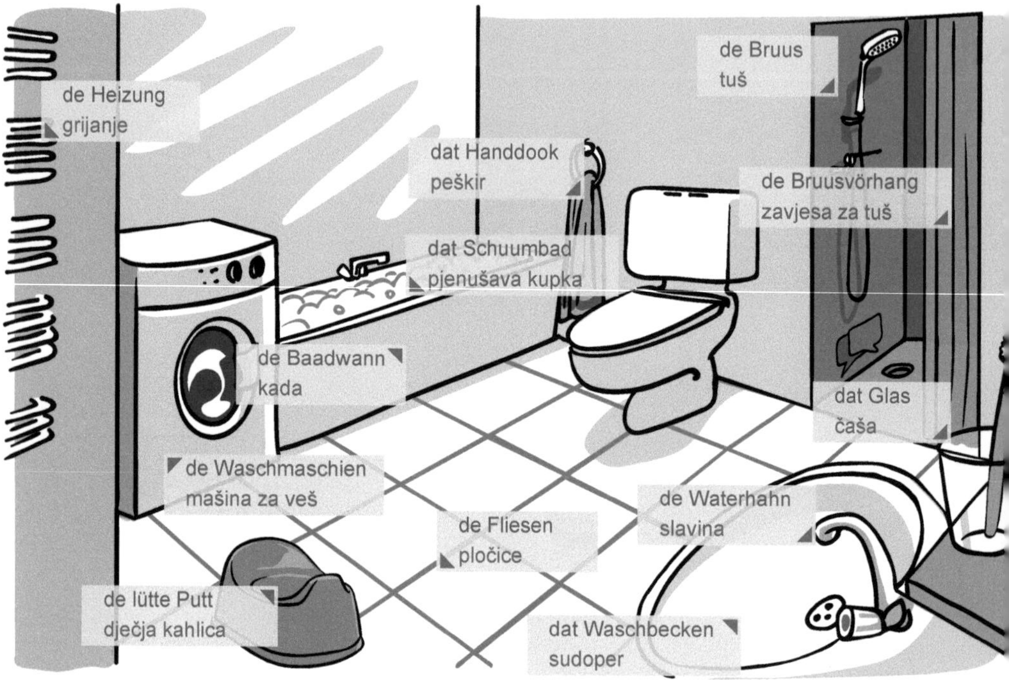
de Heizung
grijanje
dat Handdook
peškir
de Bruus
tuš
de Bruusvörhang
zavjesa za tuš
dat Schuumbad
pjenušava kupka
de Baadwann
kada
dat Glas
čaša
de Waschmaschien
mašina za veš
de Waterhahn
slavina
de Fliesen
pločice
de lütte Putt
dječja kahlica
dat Waschbecken
sudoper

de Tante Meier

toalet

de Hockklo

čučavac

dat Bidet

bide

dat Miegbecken

pisoar

dat Klopapeer

toalet papir

de Kloböst

četka za wc

de Tähnböst

četkica za zube

de Tähnpast

pasta za zube

de Tähnsied

zubni konac

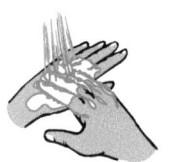

waschen

prati

de Handbruus

tuš

de Intimbruus

intimni tuš

de Waschschöttel

lavor

de Rüchböst

četka za leđa

de Seep

sapun

dat Bruusgeel

gel za tuširanje

dat Hoorwaschmiddel

šampon

de Waschlappen

krpe za pranje

de Afloop

odvod

de Creme

krema

dat Deodorant

dezodorans

de Baadstuuv - kupatilo

de Spegel

ogledalo

de Kosmetikspegel

ogledalo za šminkanje

de Raserer

brijač

de Raseerschuum

pjena za brijanje

dat Raseerwater

vodica poslije brijanja

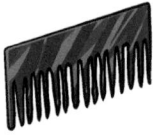

de Kamm

češalj

de Böst

četka

de Hoordröger

fen

dat Hoorspray

sprej za kosu

de Smink

puder

de Lippensticken

karmin

de Nagellack

lak za nokte

de Watt

vata

de Nagelscheer

makazice za nokte

dat Rüükwater

parfem

de Kulturbüdel

kozmetička torbica

de Schemel

hoklica

de Waag

vaga

de Baadmantel

kupaći ogrtač

de Gummihanschen

rukavice za čišćenje

de Tampon

tampon

de Damenbinn

uložak za dame

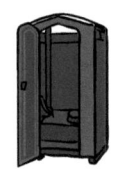

dat Chemieklo

hemijski toalet

de Kinnerstuuv

dječija soba

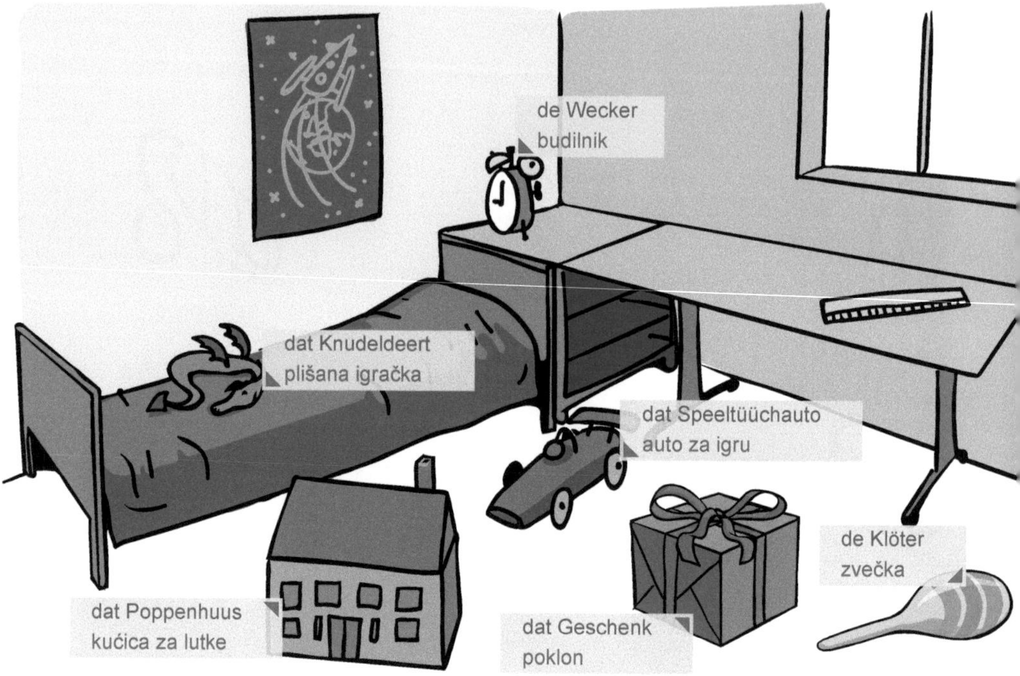

de Wecker
budilnik
dat Knudeldeert
plišana igračka
dat Speeltüüchauto
auto za igru
de Klöter
zvečka
dat Poppenhuus
kućica za lutke
dat Geschenk
poklon

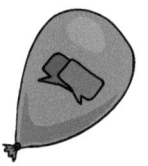

de Luftballon
....
balon

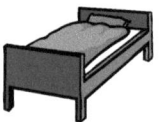

de Puuch
....
krevet

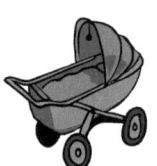

de Kinnerwagen
....
kolica za djecu

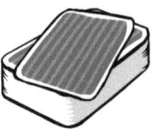

dat Koortenspeel
....
karte za igranje

dat Puzzle
....
puzle

SUPER
MEGA

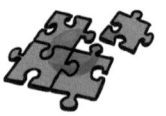

de Billergeschicht
....
strip

de Legostenen

lego kockice

de Bustenen

kockice za gradnju

de Action-Figur

akcione figure

de Strampelantog

benkica

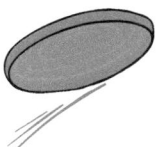

de Frisbeeschiev

frizbi

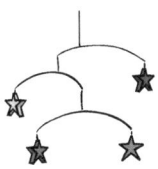

dat Mobile

mobile

dat Brettspeel

igra na ploči

de Wörpel

kocka

de Modelliesenbahn

miniatura željeznice

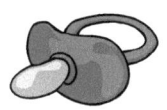

de Snuller

cucla

de Party

zabava

dat Billerbook

slikovnica

de Ball

lopta

de Popp

lutka

spelen

igrati

de Sandkassen

pješćanik

de Schuckel

ljuljačka

dat Speeltüüch

igračke

de Speelkonsool

konzola za igru

dat Dreerad

triciklo

de Teddyboor

medvjedić

dat Klederschapp

ormar

dat Tüüch

odjeća

de Socken

kratke čarape

de Strümp

čarape

de Strumpbüx

hulahopke

dat Halsdook
šal

de Liefreem
kaiš

de Paraplü
kišobran

dat T-Shirt
majica kratkih rukava

de Turnschoh
patike

de Stevel
čizme

de Puuschen
papuče

de Sandalen
sandale

de Schoh
cipele

de Gummistevel
gumene čizme

de Ünnerbüx
gaće

de Bostholler
grudnjak

dat Ünnerhemd
potkošulja

de Lief

bodi

de Büx

hlače

de Jeansnüx

farmerke

de Rock

suknja

de Bluus

bluza

dat Hemd

košulja

de Pullover

džemper

de Kapuzenpullover

majica

de Blazer

sako

de Jack

jakna

de Mantel

mantil

de Övertrecker

kišni mantil

dat Kostüm

kostim

dat Kleed

haljina

dat Hochtietskleed

vjenčanica

de Antog

odijelo

dat Nachtkleed

spavaćica

de Slaapantog

pidžama

de Sari

sari

dat Koppdook

marama

de Turban

turban

de Burka

burka

de Kaftan

kaftan

de Abaya

abaja

de Baadantog

kupaći kostim

de Baadbüx

kupaće gaće

de Korte Büx

kratke hlače

de Antog to'n Öven

trenerka

de Schört

pregača

de Handschoh

rukavice

de Knopp

dugme

de Brill

naočare

dat Armband

narukvica

de Halskeed

ogrlica

de Ring

prsten

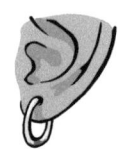

de Ohrbummel

naušnica

de Mütz

kapa

de Klederbögel

vješalica

de Hoot

šešir

de Binner

kravata

de Rietslüter

patentni zatvarač

de Helm

kaciga

dat Drachtband

tregeri za hlače

de Schooluniform

školska uniforma

de Uniform

uniforma

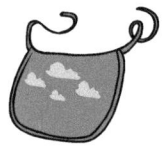

de Severböten

podbradak

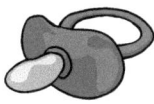

de Snuller

cucla

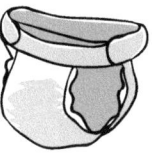

de Winnel

pelene

dat Büro

ured

de Server
server
dat Aktenschapp
ormar za kartoteku
de Drucker
štampač
at Papeer
apir
de Bildschirm
monitor
de Muus
miš
de Schrievdisch
pisaći sto
de Orner
registrator
dat Knoopboord
tastatura
de Papeerkorf
korpa za papir
de Computer
kompjuter
de Stohl
stolica

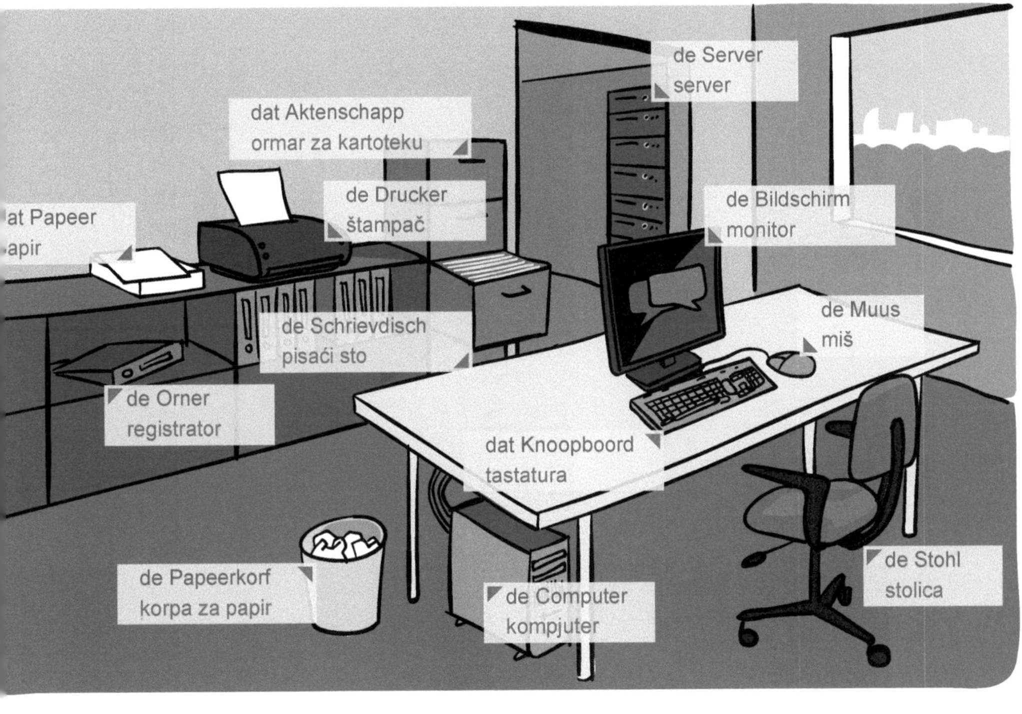

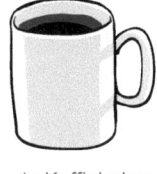

de Koffiebeker

šolja za kafu

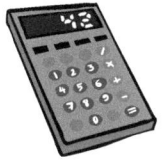

de Taschenreekner

kalkulator

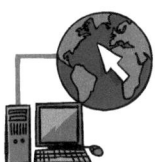

dat Internet

internet

de Klappreekner

laptop

de Breef

pismo

de Naricht

poruka

de Ackersnacker

mobilni telefon

dat Nettwark

mreža

de Kopeerapparat

aparat za kopiranje

de Software

softver

de Klöönkassen

telefon

de Steekdoos

utičnica

de Faxapparat

faks

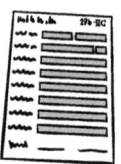

dat Formulor

formular

dat Dokument

dokument

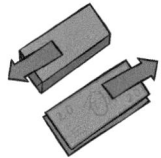

köpen

kupovati

betahlen

platiti

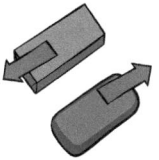

hanneln

trgovati

dat Geld

novac

de Dollar

dolar

de Euro

euro

de Yen

jen

de Ruvel

rublja

de Swiezer Franken

franak

de Renminbi Yuan

renminbi jen

de Rupie

rupi

de Geldautomat

bankomat

de Wesselstuuv

mjenjačnica

dat Gold

zlato

dat Sülver

srebro

dat Ööl

nafta

de Energie

energija

de Pries

cijena

de Verdrag

ugovor

de Stüer

porez

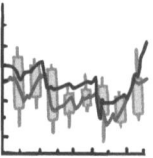

de Andeelschien

akcija

arbeiden

raditi

de Anstellte

službenik

de Arbeitgever

poslodavac

de Fabrik

fabrika

de Hökerie

radnja

de Profeschonen

zanimanja

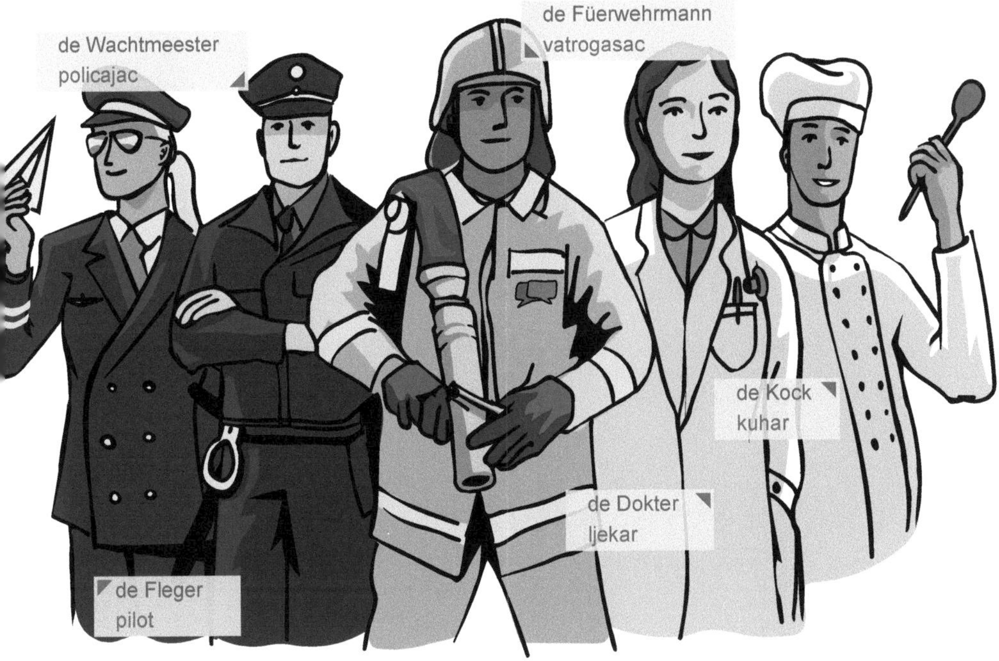

de Wachtmeester
policajac
de Füerwehrmann
vatrogasac
de Kock
kuhar
de Dokter
ljekar
de Fleger
pilot

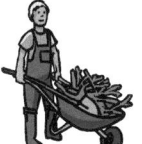

de Goorner

baštovan

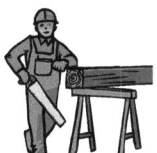

de Discher

stolar

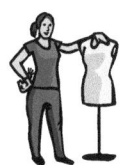

de Neihersche

krojačica

de Richter

sudija

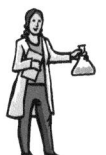

de Chemiker

hemičar

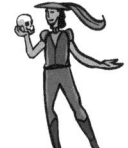

de Schauspeler

glumac

de Busfohrer

vozač autobusa

de Taxifohrer

vozač taksija

de Fischer

ribar

de Reinmaakfru

čistačica

de Dackdecker

krovopokrivač

de Kellner

konobar

de Jäger

lovac

de Maler

moler

de Bäcker

pekar

de Elektriker

električar

de Buarbeider

građevinski radnik

de Ingenieur

inženjer

de Slachter

koljač

de Klempner

limar, vodoinstalater

de Postbüdel

poštar

de Suldat

vojnik

de Architekt

arhitekta

de Kasserer

blagajnik

de Florist

cvjećar

de Putzbüdel

frizer

de Schaffner

kontrolor

de Mechaniker

mehaničar

de Kaptein

kapiten

de Tähndokter

zubar

de Wetenschopler

naučnik

de Rabbi

rabin

de Imam

imam

de Mönk

monah

de Paap

sveštenik

dat Warktüüch
alat

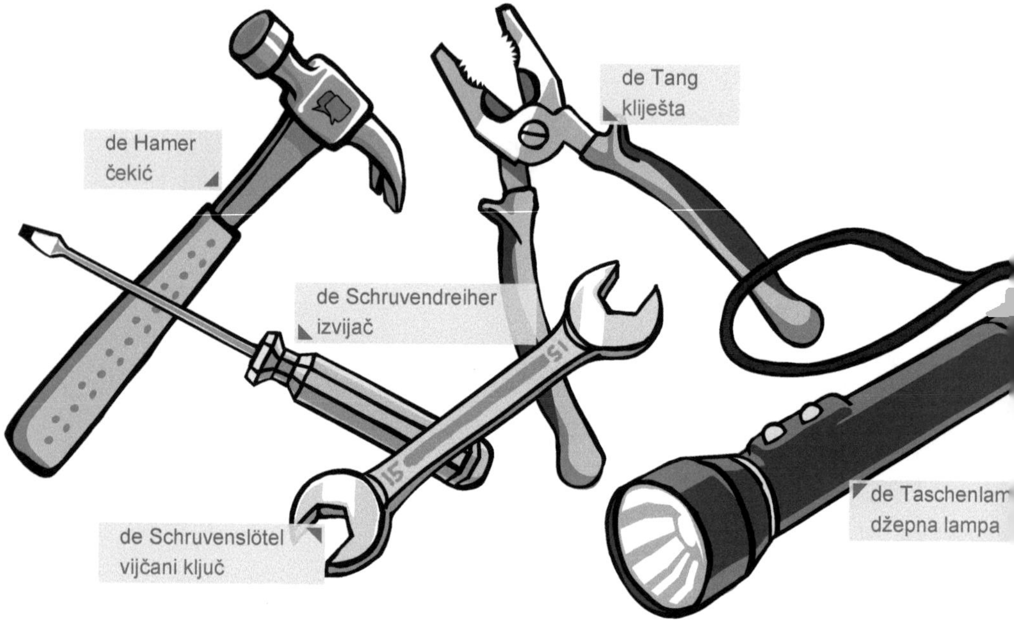

de Hamer
čekić
de Tang
kliješta
de Schruvendreiher
izvijač
de Schruvenslötel
vijčani ključ
de Taschenlam
džepna lampa

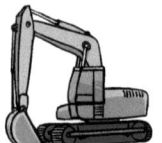

de Grieper

bager

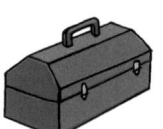

de Warktüüchkassen

kutija sa alatom

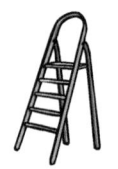

de Ledder

ljestve

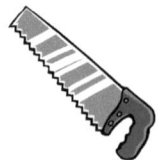

de Saag

testera, pila

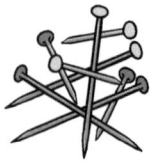

de Nagels

ekser

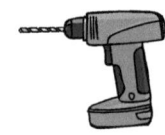

de Bohrer

bušilica

heelmaken
popraviti

de Schüffel
lopata

Schiet!
sranje!

dat Kehrblick
lopatica

de Farvpott
kanta boje

de Schruven
vijak

de Musikinstrumenten
muzički instrumenti

de Luutsnacker
zvučnik

dat Slagtüüch
bubnjevi

de Rietfiedel
gitara

de Bass-Vigelien
kontrabas

de Trumpeet
truba

dat Klaveer

klavir

de Vigelien

violina

de Bass

bas

de Pauk

bubanj timpani

de Trummeln

bubanj

dat Keyboard

sintisajzer

dat Saxophon

saksofon

de Fleut

flauta

dat Mikrofoon

mikrofon

de Deertenpark
zološki vrt

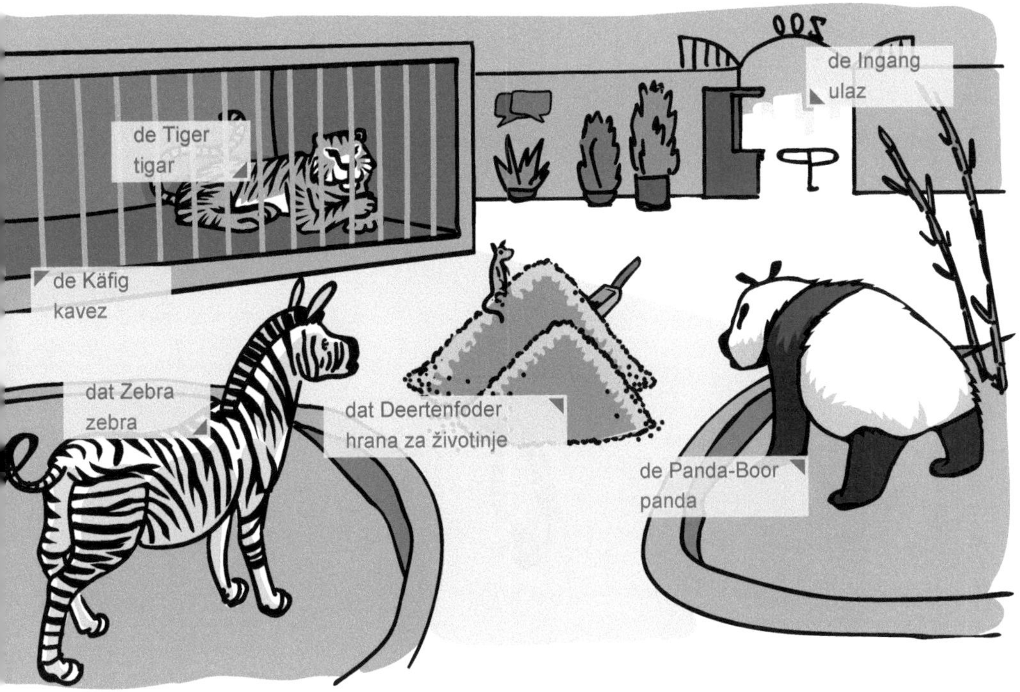
zoo
de Ingang
ulaz
de Tiger
tigar
de Käfig
kavez
dat Zebra
zebra
dat Deertenfoder
hrana za životinje
de Panda-Boor
panda

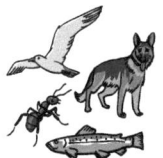

de Deerten

životinje

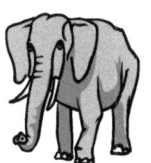

de Elefant

slon

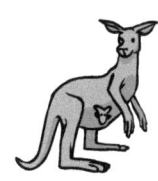

dat Känguru

kengur

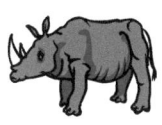

dat Neeshoorn

nosorog

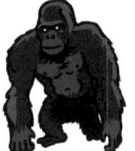

de Gorilla

gorila

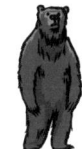

de Boor

medvjed

dat Kameel

kamila

de Struuß

noj

de Lööv

lav

de Aap

majmun

de Flamingo

flamingo

de Papagoi

papagaj

de Iesboor

polarni medvjed

de Pinguin

pingvin

de Haifisch

morski pas

de Pageluun

paun

de Slang

zmija

dat Krokodil

krokodil

de Oppasser in'n
Deertenpark
čuvar u zoološkom vrtu

de Saalhund

tuljan

de Jaguor

jaguar

dat Pony
poni

de Leopard
leopard

dat Nilpeerd
nilski konj

de Giraff
žirafa

de Aadler
orao

dat Wildswien
divlja svinja

de Fisch
riba

de Schildkrööt
kornjača

dat Walross
morž

de Voss
lisica

de Gazell
gazela

de Amerikaansch Football
američki fudbal

dat Radfohren
vožnja bicikla

dat Tennis
tenis

de Korfball
košarka

dat Swümmen
plivanje

dat Ieshockey
hokej na ledu

dat Boxen
boks

de Football

fudbal

dat Fedderball

bedminton

de Leichtathletik

laka atletika

de Handball

rukomet

dat Skilopen

skijanje

dat Polo

polo

lachen
smijati se

springen
skakati

ümarmen
zagrliti

gahn
ići

singen
pjevati

drömen
sanjati

beden
moliti

snuteln
ljubiti

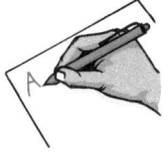

schrieven
pisati

teken
crtati

wiesen
pokazati

drücken
gurati

geven
dati

nehmen
uzeti

hebben
imati

doon
raditi

sien
biti

stahn
stajati

lopen
trčati

trecken
vući

smieten
baciti

fallen
pasti

liggen
ležati

töven
čekati

dregen
nositi

sitten
sjediti

antrecken
obući

slapen
spavati

opwaken
probuditi

ankieken

pogledati

wenen

plakati

eien

milovati

kämmen

češljati

snacken

govoriti

verstahn

razumjeti

fragen

pitati

hören

slušati

drinken

piti

eten

jesti

oprümen

pospremiti

leefhebben

voljeti

kaken

kuhati

fohren

voziti

flegen

letjeti

segeln

jedriti

reken

računati

lesen

čitati

lehren

učiti

arbeiden

raditi

de Plünnen tohoopsmieten

vjenčavti

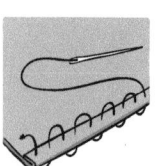

neihen

šiti

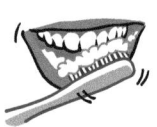

Tähnen putzen

prati zube

dootmaken

ubiti

smöken

pušiti

schicken

slati

de Familje
porodica

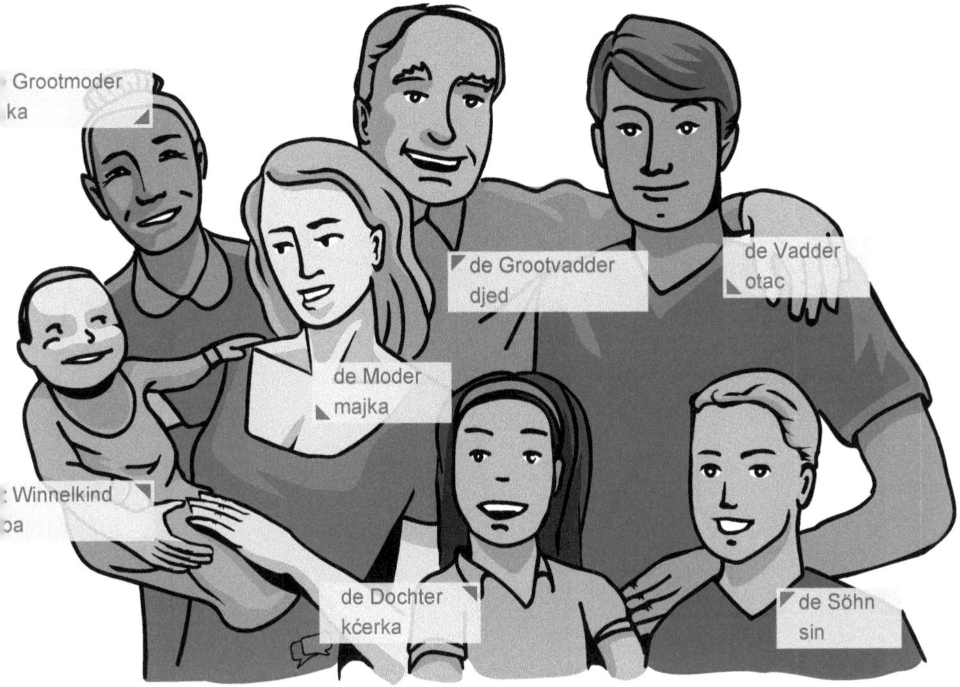

Grootmoder
ka
de Grootvadder
djed
de Vadder
otac
de Moder
majka
Winnelkind
ba
de Dochter
kćerka
de Söhn
sin

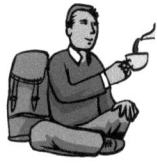

de Gast

gost

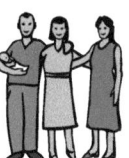

de Tant

ujna, tetka, strina

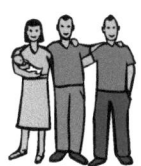

de Unkel

ujak, tetak, stric

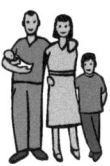

de Broder

brat

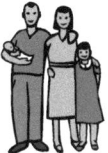

de Süster

sestra

de Lief

tijelo

de Vörkopp
čelo
dat Oog
oko
de Schuller
leđa
de Finger
prst
dat Gesicht
lice
dat Kinn
brada
de Hand
ruka, šaka
dat Been
noga
de Bost
grudi
de Arm
ruka

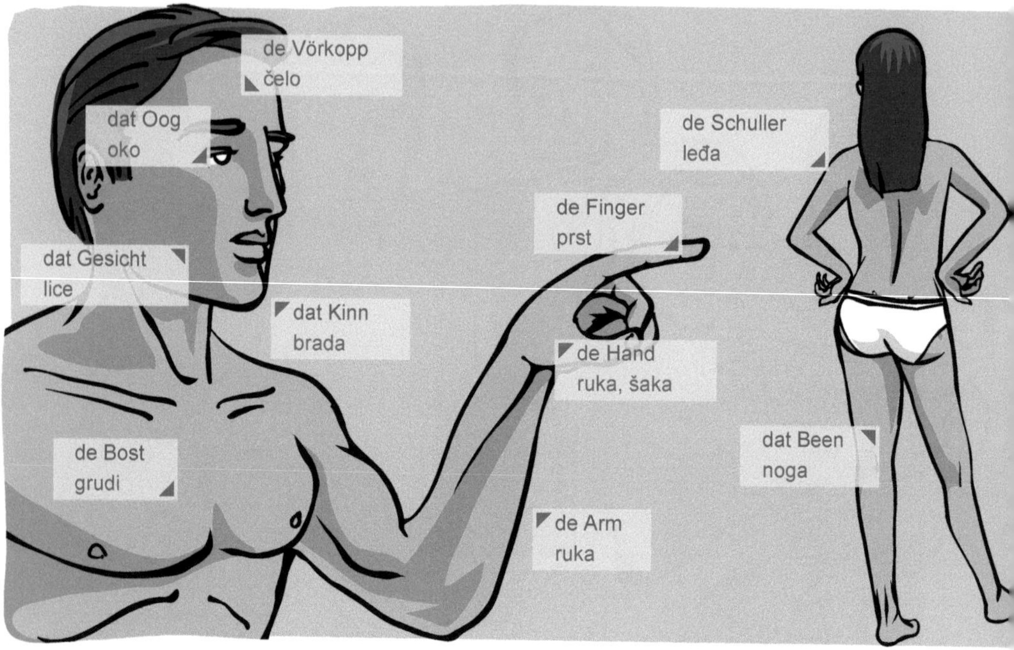

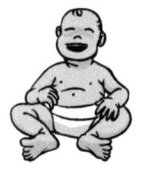

dat Winnelkind

beba

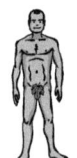

de Mann

muškarac

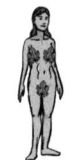

de Fro

žena

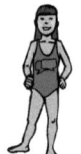

de Deern

djevojčica

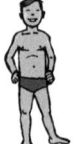

de Jung

dječak

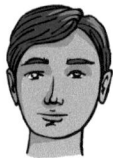

de Arm

glava

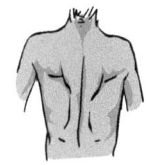

de Rüch

leđa

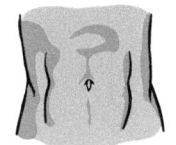

de Buuk

stomak

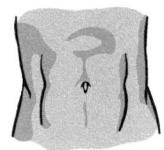

de Navel

pupak

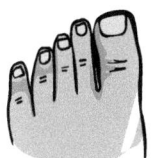

de Teh

nožni prst

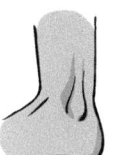

de Hack

peta

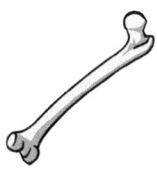

de Knaken

kosti

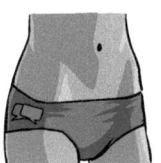

de Hüft

kuk

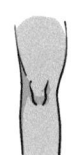

dat Knee

koljeno

de Ellbagen

lakat

de Nees

nos

de Achtersen

stražnjica

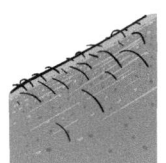

de Huut

koža

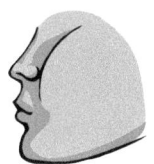

de Back

obraz

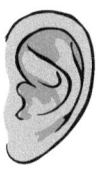

dat Ohr

uho

de Lipp

usna

de Lief - tijelo

de Mund

usta

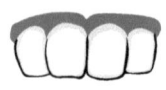

de Tähn

zub

de Tung

jezik

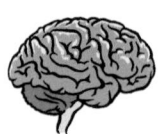

de Bregen

mozak

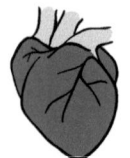

dat Hart

srce

de Muskel

mišić

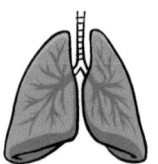

de Lung

pluća

de Lever

jetra

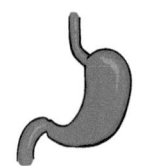

de Maag

želudac

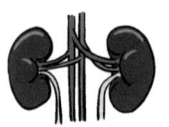

de Neren

bubreg

de Bislaap

spolni odnos

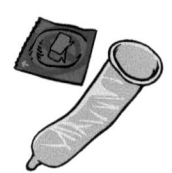

dat Kondoom

kondom

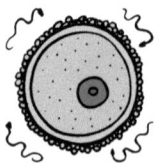

de Eizell

jajna ćelija

dat Sperma

sperma

de Anner Ümstänn

trudnoća

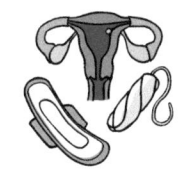

de Menstruatschoon

menstruacija

de Scheed

vagina

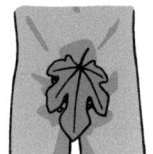

de Pint

penis

de Ogenbroe

obrva

dat Hoor

kosa

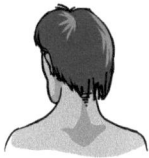

de Hals

vrat

dat Krankenhuus
bolnica

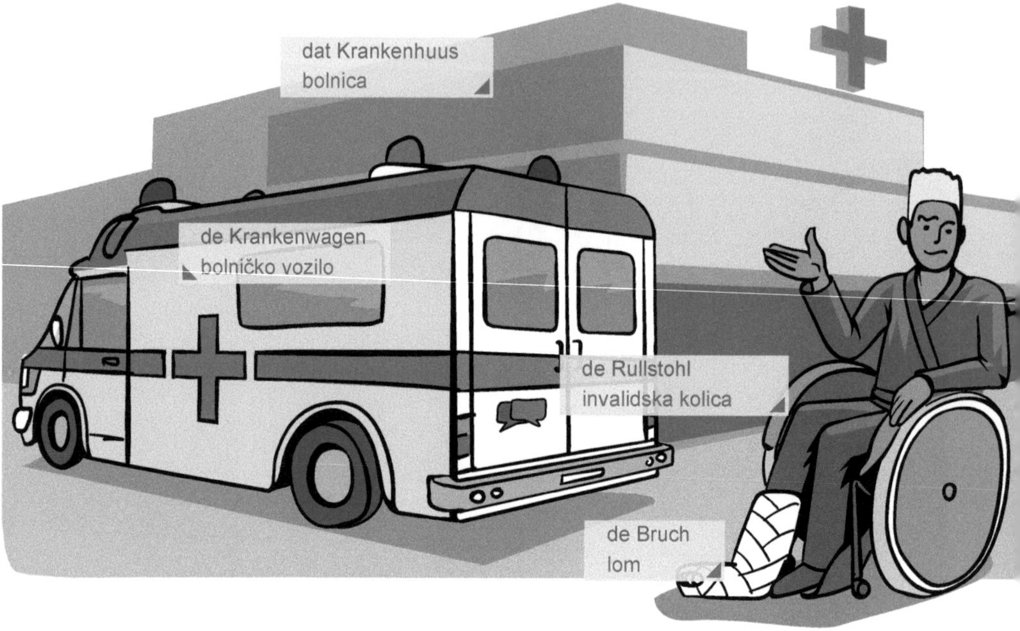

dat Krankenhuus
bolnica
de Krankenwagen
bolničko vozilo
de Rullstohl
invalidska kolica
de Bruch
lom

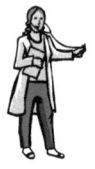

de Dokter

ljekar

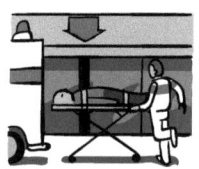

de Nootopnahm

hitna služba

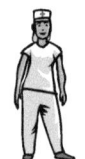

de Krankensüster

medicinska sestra

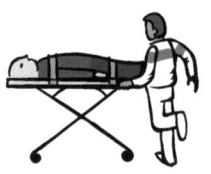

de Nootfall

hitna pomoć

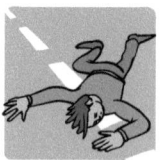

ahnmächtig

nesvjest

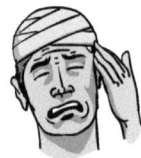

de Wehdaag

bol

de Verwunnen

povreda

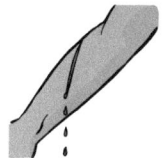

de Blöden

krvarenje

de Hartinfarkt

srčani udar, infarkt

de Slaganfall

moždani udar

de Allergie

alergija

de Hoosten

kašalj

dat Fever

groznica

de Gripp

gripa

de Dörchfall

proljev

de Koppwehdaag

glavobolja

de Kreeft

rak

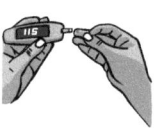

de Zuckersüük

dijabetes

de Chirurg

hirurg

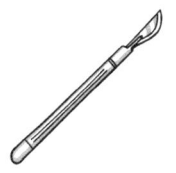

dat Chirurgsch Mess

skalpel

de Operatschoon

operacija

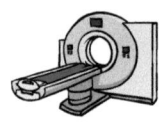

dat CT

CT

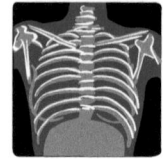

de Dörchlüchten

rendgen

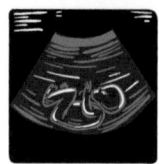

de Ultraschall

ultrazvuk

de Mask

maska

de Krankheit

bolest

de Töövruum

čekaonica

de Krück

štake

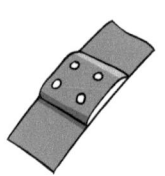

dat Plaaster

flaster

de Verband

zavoj

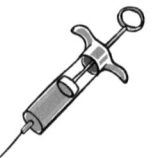

de Insprütten

injekcija

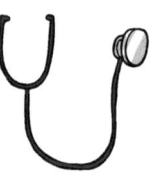

dat Stethoskop

stetoskop

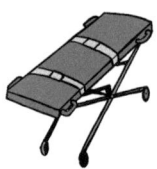

de Draag

nosilo

dat Feverthermometer

termometar

de Geboort

porod

dat Övergewicht

prekomjerna težina, debljina

de Höörapparat

slušni aparat

dat Kiemfriemiddel

sredstvo za dezinfekciju

de Ansteken

infekcija

de Virus

virus

dat HIV / AIDS

HIV/ AIDS

dat Heelmiddel

medicina

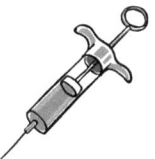

de Impen

vakcinacija

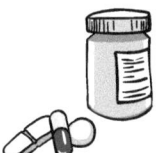

de Tabletten

tablete

de Pill

pilula

de Nootroop

hitni poziv

de Blootdruck-Meter

aparat za mjerenje pritiska

krank / gesund

bolestan / zdrav

Hölp!

Upomoć!

de Alarm

alarm

de Överfall

napad, prepad

de Angreep

napad

de Gefohr

opasnost

de Nootutgang

izlaz u slučaju opasnosti

dat Füer!

Požar!

de Füerlöscher

vatrogasni aparat

de Unfall

nezgoda

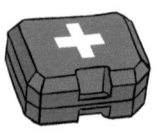

de Noothölpkoffer

torba prve pomoći

SOS

SOS

de Polizei

policija

Europa

Europa

Noordamerika

Sjeverna Amerika

Süüdamerika

Južna Amerika

Afrika

Afrika

Asien

Azija

Australien

Australija

de Atlantik

Atlantik

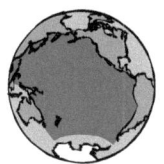

de Pazifik

Pacifik

dat Indisch Weltmeer

Indijski okean

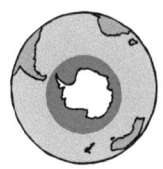

dat Antarktisch Weltmeer

Antarktički okean

dat Arktisch Weltmeer

Arktički okean

de Noordpol

Sjeverni pol

de Süüdpol

Južni pol

de Antarktis

Antarktik

de Eerd

Zemlja

dat Land

zemlja

de See

more

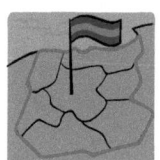

dat Eiland

ostrvo

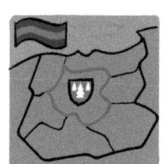

de Natschoon

nacija

de Staat

država

dat Tallenblatt

brojčanik sata

de Stunnenwieser

kazaljka sata

de Minutenwieser

kazaljka minute

de Sekunnenwieser

kazaljka sekunde

Wo laat is dat?

Koliko je sati?

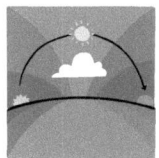

de Dag

dan

de Tiet

vrijeme

nu

sada

de digetaalsch Klock

digitalni sat

de Minuut

minuta

de Stunn

sat

de Week
sedmica, nedjelja

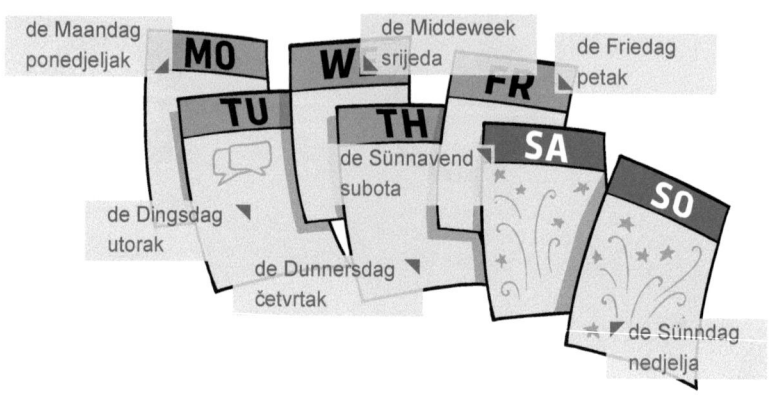

de Maandag
ponedjeljak

de Middeweek
srijeda

de Friedag
petak

de Dingsdag
utorak

de Dunnersdag
četvrtak

de Sünnavend
subota

de Sünndag
nedjelja

güstern
....
juče

hüüt
....
danas

morgen
....
sutra

de Morgen
....
jutro

de Meddag
....
podne

de Avend
....
veče

de Arbeitsdaag
....
radni dani

dat Wekenenn
....
vikend

dat Johr
godina

de Regen
kiša
de Regenbagen
duga
de Wind
vjetar
de Snee
snijeg
dat Fröhjohr
proljeće
de Harvst
jesen
de Sommer
ljeto
de Winter
zima

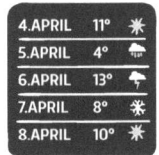

4.APRIL 11°
5.APRIL 4°
6.APRIL 13°
7.APRIL 8°
8.APRIL 10°

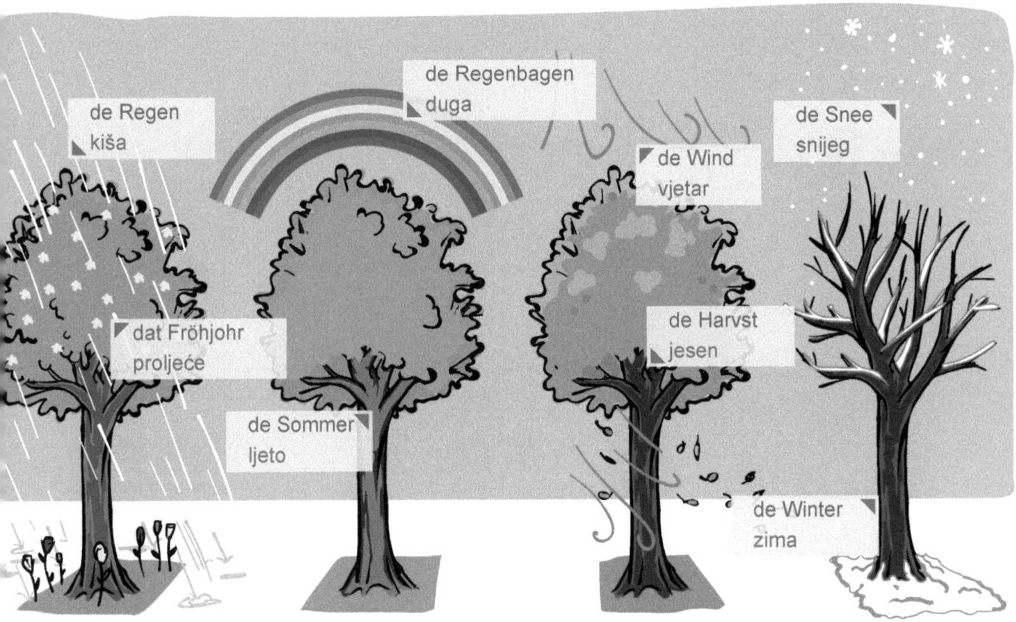

de Wedervörhersaag
....
prognoza vremena

F
C
120
90
60
30
0
-30
40
30
20
10
0
-10
-20

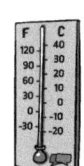

dat Thermometer
....
termometar

de Sünnenschien
....
sunčev sjaj

de Wulk
....
oblak

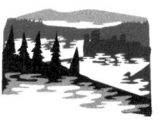

de Nevel
....
magla

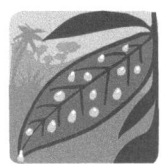

de Luftfuchtigkeit
....
vlažnost vazduha

de Blitz

munja

de Dunner

grom

de Storm

oluja

de Hagel

tuča, led

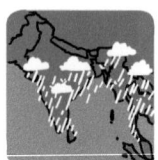

de Monsun

monsun

de Floot

poplava

dat Ies

led

de Januormaand

januar

de Februormaand

februar

de Martmaand

mart

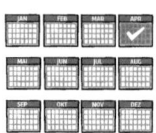

de Aprilmaand

april

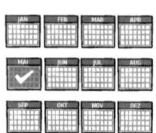

de Maimaand

maj

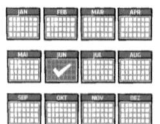

de Junimaand

juni

de Julimaand

juli

de Augustmaand

avgust

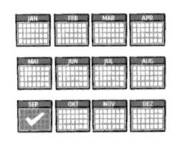

de Septembermaand

septembar

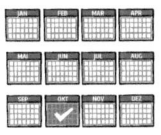

de Oktobermaand

oktobar

de Novembermaand

novembar

de Dezembermaand

decembar

de Formen
oblici

de Krink

krug

dat Quadrat

kvadrat

dat Rechteck

pravougao

dat Dreeeck

trougao

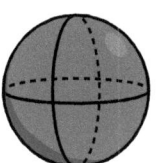

de Kugel

kugla

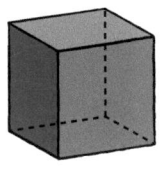

de Wörpel

kocka

boje

witt
bjel

geel
žut

orangsch
narandžast

pink
pink

root
crven

lila
ljubičast

blau
plav

gröön
zelen

bruun
smeđ

gries
siv

swart
crn

veel / wenig
malo / mnogo

böös / verdreeglich
ljutit / miran

smuck / mies
lijep / ružan

de Begünn / dat Enn
početak / kraj

groot / lütt
veliki / mali

hell / düüster
svijetlo / tamno

de Broder / de Süster
brat / sestra

schier / schietig
čist / prljav

kumpleet / nich kumpleet
potpun / nepotpun

de Dag / de Nacht
dan / noć

doot / lebennig
mrtav / živ

breet / small
široko / usko

geneetbor / nich geneetbor

ukusno / neukusno

böös / fründlich

zao / prijatan

fickerig / langwielt

uzbuđen / dosadan

dick / dünn

debeo / mršav

toeerst / toletzt

najprije / najkasnije

de Fründ / de Fiend

prijatelj / neprijatelj

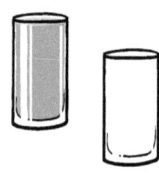

vull / leddig

pun / prazan

hart / week

trvd / mekan

swoor / licht

težak / lagan

de Smacht / de Döst

glad / žeđ

krank / gesund

bolestan / zdrav

nich na't Recht / na't Recht

ilegalan / legalan

klook / dummerhaftig

inteligentan / glup

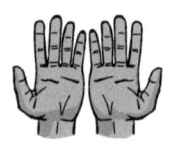

linkerhand / rechterhand

lijevo / desno

neeg / feern

blizu / daleko

nieg / bruukt
nov / polovan

nix / wat
ništa / nešto

oolt / jung
star / mlad

an / ut
uključeno / isključeno

apen / slaten
otvoreno / zatvoreno

lies / luut
tiho / glasno

riek / arm
bogat / siromašan

richtig / verkehrt
tačno / pogrešno

ruug / glatt
hrapav / glatak

trurig / glücklich
tužan / srećan

kort / lang
kratak / dug

suutje / flink
spor / brz

natt / dröög
mokro / suho

warm / köhl
toplo / hladno

de Krieg / de Freden
rat / mir

0

null

nula

1

een

jedan

2

twee

dva

3

dree

tri

4

veer

četiri

5

fief

pet

6

söss

šest

7

söven

sedam

8

acht

osam

9

negen

devet

10

teihn

deset

11

ölven

jedanaest

12

twölf
dvanaest

13

dörteihn
trinaest

14

veerteihn
četrnaest

15

föffteihn
petnaest

16

sössteihn
šesnaest

17

söventeihn
sedamnaest

18

achtteihn
osamnaest

19

negenteihn
devetnaest

20

twintig
dvadeset

100

hunnert
sto

1.000

dusend
hiljada

1.000.000

million
milion

dat Engelsch

engleski

dat Amerikaansch Engelsch

američki engleski

dat Chineesch Mandarin

kinesko mandarinski

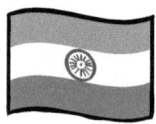

dat Hindi

hindi

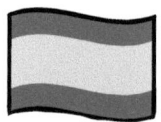

dat Spaansch

španski

dat Franzöösch

francuski

dat Araabsch

arapski

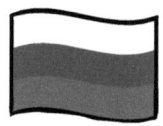

dat Rusch

ruski

dat Portugiesch

portugalski

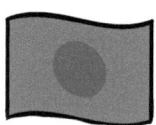

dat Bengaalsch

bengalski

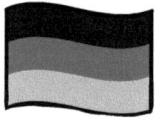

dat Düütsch

njemački

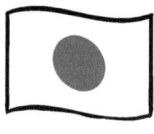

dat Japaansch

japanski

ik
ja

du
ti

he / se / dat
on / ona / ono

wi
mi

ji
vi

se
oni

keen?
ko?

wat?
šta?

woans?
kako?

woneem?
gdje?

wannehr?
kada?

de Naam
ime

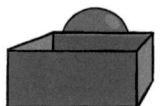

achter

iza

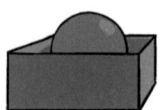

in

u

vör

pred

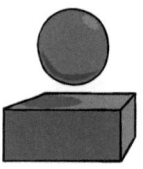

över

iznad

op

na

ünner

ispod

blangen

pored

twüschen

između

de Oort

mjesto